Novena

DIVINA PROVIDENCIA

Por Laila Pita

© Calli Casa Editorial, 2012
Yhacar Trust, 2025

Todos los derechos registrados. Prohibida la reproducción total o parcial de esta obra en todo su contenido: texto, dibujos, ideas e ilustraciones de portada, sin autorización por escrito.

www.solonovenas.com
#2500-159HC

UN POCO DE HISTORIA

La verdad sobre la existencia de Dios y sobre la Divina Providencia, es la fundamental y definitiva garantía del hombre y de su libertad en el cosmos. Su fe está íntimamente ligada con la concepción básica de la existencia humana, o sea, con el sentido de la vida del hombre. Libera al hombre de pensamientos fatalistas. La Iglesia guiada por Cristo y la fuerza del Espíritu Santo, da a cada bautizado la gracia y el sentido de la Providencia de Dios, para salvar al hombre del peso aplastante del enigma y la fatalidad y confiarlo aun misterio de amor grande, inconmensurable, decisivo, como es Dios. Dios no es invento de la Iglesia, Él se ha manifestado revelando la historia de su pueblo, su acción creadora y su intervención de salvación planeada desde la eternidad. Dios es creador en toda la creación, una presencia que continuamente crea y llega a las raíces más profundas de todo lo que existe. Dios se pronuncia a favor del bien y a continuar conservando lo que ha sido creado. Gobierna con autoridad Suprema. Todo le pertenece, todo depende de Él. Es la Suprema Autoridad en el mundo. Fuerza eficiente, sabiduría trascendente.

MILAGRO

Monseñor Oscar Arnulfo Romero fue asesinado por el Escuadrón de la Muerte el 24 de marzo de 1980, cuando oficiaba misa en la capilla de la Divina Providencia. El impacto de bala lo recibió en el corazón. Embalsamaron el cuerpo. No se permitió que tiraran las vísceras y las enterraron. Años después las monjas del convento donde dicha capilla se encontraba, se les ocurrió hacer ahí un monumento. Al escarbar encontraron la caja con los restos. La sangre estaba líquida y las vísceras incorruptas. No supieron explicarse cómo pudieron permanecer intactas después de tanto tiempo.

ORACIÓN DIARIA

Divina Providencia, Dios Omnipotente, das fuerza y bendición a toda la gente. Tu Sagrado poder no hace distinción entre pobre y rico, dando ayuda al de buen corazón. Yo ruego por tu protección con sinceridad transparente. Por tu Sagrado poder que nunca me falte casa, vestido y sustento en el presente. Tu misericordia jamás esté ausente. Señor para que exista el milagro con que lo desees es suficiente. Me inclino Señor ante ti con devoción. Te ofrezco mi vida entera para que tenga salvación.

Padre Nuestro, que estás en el cielo, santificado sea tu nombre; venga a nosotros tu reino; hágase tu voluntad, en la tierra como en el cielo. Danos hoy nuestro pan de cada día; perdona nuestras ofensas, como también nosotros

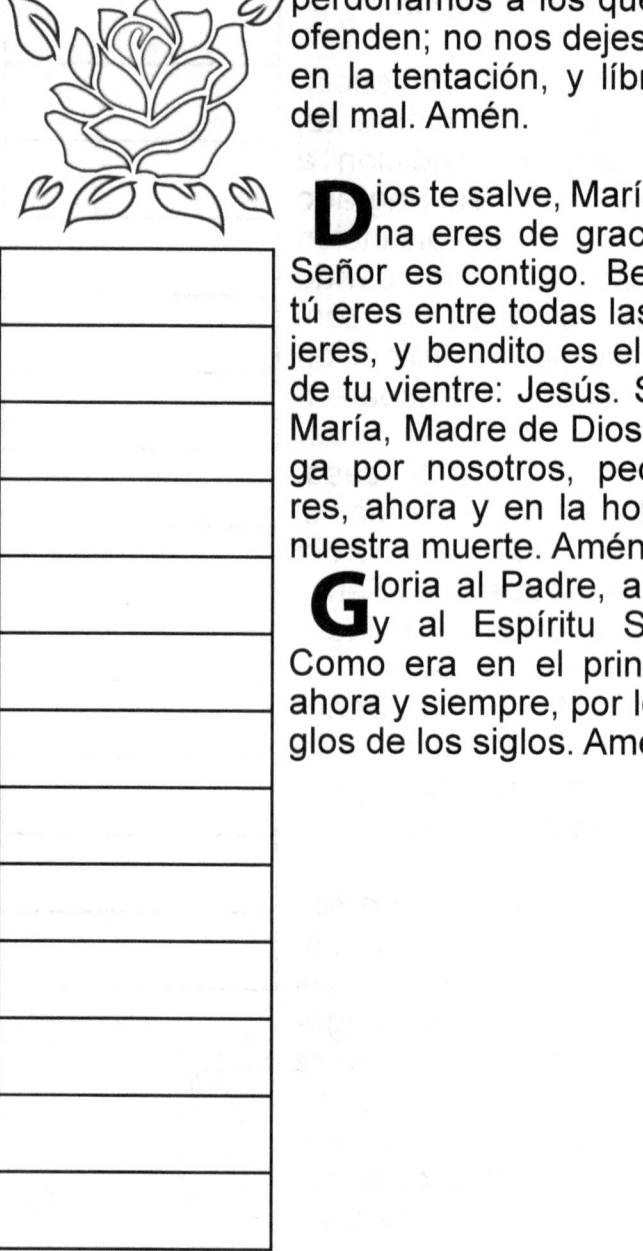

perdonamos a los que nos ofenden; no nos dejes caer en la tentación, y líbranos del mal. Amén.

Dios te salve, María, llena eres de gracia, el Señor es contigo. Bendita tú eres entre todas las mujeres, y bendito es el fruto de tu vientre: Jesús. Santa María, Madre de Dios, ruega por nosotros, pecadores, ahora y en la hora de nuestra muerte. Amén.

Gloria al Padre, al Hijo y al Espíritu Santo. Como era en el principio, ahora y siempre, por los siglos de los siglos. Amén.

HAGA SU PETICIÓN

Aquí estoy hincado a tus pies.

Con la luz de tus quinqués que no tienen comparación alumbra a este humilde feligrés que viene a hacerte esta petición.

Te ruego con todo mi corazón me concedas.. (Se hace la petición)

Esto es un asunto de interés te suplico tu atención me des. Concédeme lo que te pido en esta ocasión y con tu divina protección me ayudes, para que seas tú siempre mi salvación.

DÍA PRIMERO

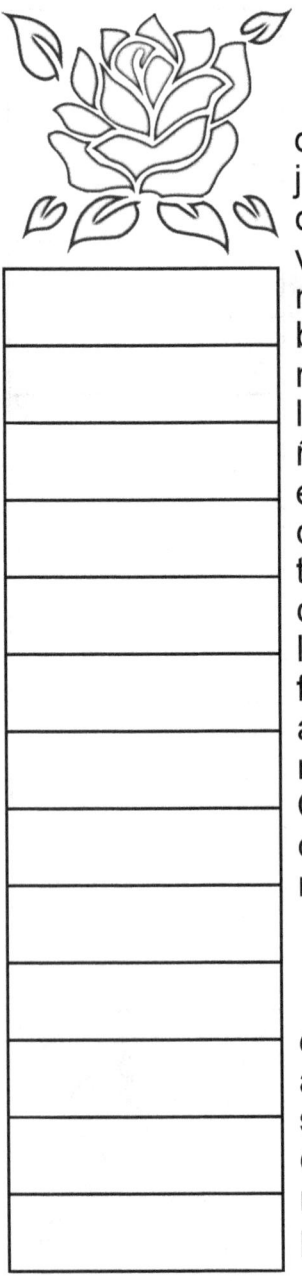

¡Oh! Sagrado Padre permíteme caminar tomado de tu mano. Quiero estar junto a ti hasta llegar a anciano. Te ofrendo esta novena para suplicarte que mi empleo/negocio con tu bendición prospere a diario. Y siempre cuente con lo necesario. Adorado Señor déjame correr libre por el llano. Sin ninguna preocupación en el trabajo cotidiano. No permitas que cometa ningún error involuntario. Y pueda festejar feliz por mi empleo en cada aniversario. Escucha este ruego Alabado Soberano. Consérvame dentro de tu corazón de dulce chabacano.

Padre Nuestro, que estás en el cielo, santificado sea tu nombre; venga a nosotros tu reino; hágase tu voluntad, en la tierra como en el cielo. Danos hoy nuestro pan de cada día; perdona nuestras ofensas,

como también nosotros perdonamos a los que nos ofenden; no nos dejes caer en la tentación, y líbranos del mal. Amén.

Dios te salve, María, llena eres de gracia, el Señor es contigo. Bendita tú eres entre todas las mujeres, y bendito es el fruto de tu vientre: Jesús. Santa María, Madre de Dios, ruega por nosotros, pecadores, ahora y en la hora de nuestra muerte. Amén.

Gloria al Padre, al Hijo y al Espíritu Santo. Como era en el principio, ahora y siempre, por los siglos de los siglos. Amén.

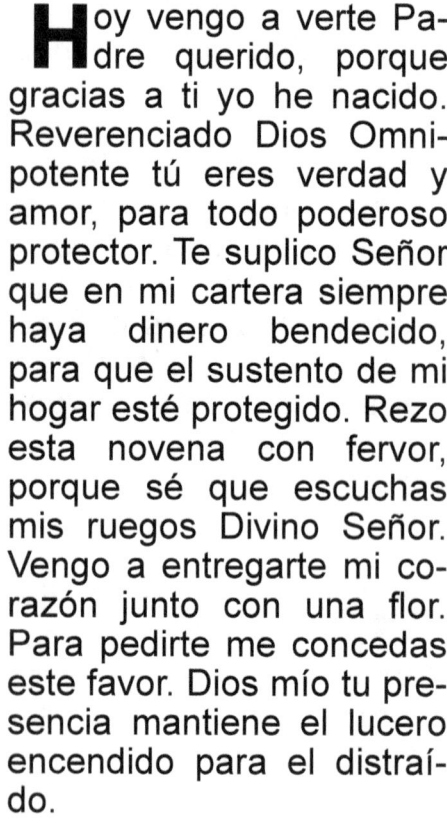

DÍA SEGUNDO

Hoy vengo a verte Padre querido, porque gracias a ti yo he nacido. Reverenciado Dios Omnipotente tú eres verdad y amor, para todo poderoso protector. Te suplico Señor que en mi cartera siempre haya dinero bendecido, para que el sustento de mi hogar esté protegido. Rezo esta novena con fervor, porque sé que escuchas mis ruegos Divino Señor. Vengo a entregarte mi corazón junto con una flor. Para pedirte me concedas este favor. Dios mío tu presencia mantiene el lucero encendido para el distraído.

Padre Nuestro, que estás en el cielo, santificado sea tu nombre; venga a nosotros tu reino; hágase tu voluntad, en la tierra como en el cielo. Danos hoy nuestro pan de cada día; perdona nuestras ofensas,

como también nosotros perdonamos a los que nos ofenden; no nos dejes caer en la tentación, y líbranos del mal. Amén.

Dios te salve, María, llena eres de gracia, el Señor es contigo. Bendita tú eres entre todas las mujeres, y bendito es el fruto de tu vientre: Jesús. Santa María, Madre de Dios, ruega por nosotros, pecadores, ahora y en la hora de nuestra muerte. Amén.

Gloria al Padre, al Hijo y al Espíritu Santo. Como era en el principio, ahora y siempre, por los siglos de los siglos. Amén.

DÍA TERCERO

Gran Señor de las alturas constructor de la creación. Dame tu poderosa bendición, para ver bien y no ir a tientas, ni andar desprotegido en épocas friolentas. Señor sé tú mi salvación para que en mi cuenta de banco entre tu Divina provisión a tiempo para que yo pague mis cuentas, no permitas que me engañen con cosas fraudulentas. Adorado Padre dame tu dirección, para que sea posible esta acción. Eterno Señor que calmas las tormentas, mantienes a todas las almas seguras y contentas.

Padre Nuestro, que estás en el cielo, santificado sea tu nombre; venga a nosotros tu reino; hágase tu voluntad, en la tierra como en el cielo. Danos hoy nuestro pan de cada día; perdona nuestras ofensas, como también nosotros

perdonamos a los que nos ofenden; no nos dejes caer en la tentación, y líbranos del mal. Amén.

Dios te salve, María, llena eres de gracia, el Señor es contigo. Bendita tú eres entre todas las mujeres, y bendito es el fruto de tu vientre: Jesús. Santa María, Madre de Dios, ruega por nosotros, pecadores, ahora y en la hora de nuestra muerte. Amén.

Gloria al Padre, al Hijo y al Espíritu Santo. Como era en el principio, ahora y siempre, por los siglos de los siglos. Amén.

DÍA CUARTO

Te ofrezco esta novena con el corazón entero, Gran Señor y Padre verdadero, yo te suplico Señor en esta fresca mañana, que me bendigas para que en mi mesa siempre haya comida fresca y sana. Permite que no falte nunca algo cocinándose en el puchero, por algún problema financiero. Que pueda ofrecer a mi hermano roja manzana. Eterno Rey de bella corona de fina filigrana, déjame ser un alegre cocinero. Escucha este ruego que te hace un hombre sincero que transita el sendero.

Padre Nuestro, que estás en el cielo, santificado sea tu nombre; venga a nosotros tu reino; hágase tu voluntad, en la tierra como en el cielo. Danos hoy nuestro pan de cada día; perdona nuestras ofensas, como también nosotros perdonamos a los que nos

ofenden; no nos dejes caer en la tentación, y líbranos del mal. Amén.

Dios te salve, María, llena eres de gracia, el Señor es contigo. Bendita tú eres entre todas las mujeres, y bendito es el fruto de tu vientre: Jesús. Santa María, Madre de Dios, ruega por nosotros, pecadores, ahora y en la hora de nuestra muerte. Amén.

Gloria al Padre, al Hijo y al Espíritu Santo. Como era en el principio, ahora y siempre, por los siglos de los siglos. Amén.

DÍA QUINTO

Glorificado sea tu nombre Dios de los ejércitos celestiales. A ti obedecen Reyes y Generales. Divino Señor que el mundo has hecho, bendíceme para que mi familia siempre tenga para cubrirse un techo. Usa Padre Santo tus poderes especiales, para proteger a los humanos y a los animales. Cuídanos Señor del enemigo que siempre está al acecho. Cura el sufrimiento de su corazón insatisfecho. Deja correr la buena energía por los canales, para que entren en mi hogar bendiciones espirituales y tener buen provecho.

Padre Nuestro, que estás en el cielo, santificado sea tu nombre; venga a nosotros tu reino; hágase tu voluntad, en la tierra como en el cielo. Danos hoy nuestro pan de cada día; perdona nuestras ofensas,

como también nosotros perdonamos a los que nos ofenden; no nos dejes caer en la tentación, y líbranos del mal. Amén.

Dios te salve, María, llena eres de gracia, el Señor es contigo. Bendita tú eres entre todas las mujeres, y bendito es el fruto de tu vientre: Jesús. Santa María, Madre de Dios, ruega por nosotros, pecadores, ahora y en la hora de nuestra muerte. Amén.

Gloria al Padre, al Hijo y al Espíritu Santo. Como era en el principio, ahora y siempre, por los siglos de los siglos. Amén.

DÍA SEXTO

Esta novena te doy Santo Padre con amor. Ilumíname con tu maravilloso resplandor. Te imploro Gran Señor que tanto yo como mi familia tengamos ropas dignas para presentarnos frente a ti. Bendito Señor de corazón rojo rubí, que esté limpio por fuera y por dentro y despida grato olor y afloren los buenos sentimientos desde el interior. Eterno Padre permite que luzcamos sanos y fuertes como el jabalí. Haz que nos veamos radiantes como fresco alelí. A todo nuestro alrededor brote el calor.

Padre Nuestro, que estás en el cielo, santificado sea tu nombre; venga a nosotros tu reino; hágase tu voluntad, en la tierra como en el cielo. Danos hoy nuestro pan de cada día; perdona nuestras ofensas, como también nosotros perdonamos a los que nos

ofenden; no nos dejes caer en la tentación, y líbranos del mal. Amén.

Dios te salve, María, llena eres de gracia, el Señor es contigo. Bendita tú eres entre todas las mujeres, y bendito es el fruto de tu vientre: Jesús. Santa María, Madre de Dios, ruega por nosotros, pecadores, ahora y en la hora de nuestra muerte. Amén.

Gloria al Padre, al Hijo y al Espíritu Santo. Como era en el principio, ahora y siempre, por los siglos de los siglos. Amén.

DÍA SÉPTIMO

Divina Providencia permanecerás por toda la eternidad. Tus bendiciones alcanzan a toda la humanidad. Te dedico esta novena con sencillez y respeto y a tus mandatos me mantengo sujeto. Haz que yo entienda que tu protección es infinita y que tienda la mano a mi hermano que esté en necesidad. Pueda yo ayudarlo a librar la dificultad. Permite Reverenciado Padre que mi mundo esté completo. Para seguir adelante sin tropiezo yo sea discreto. Dame Amado Señor tu bendita claridad. Alivia en mi pecho cualquier sentimiento de soledad.

Padre Nuestro, que estás en el cielo, santificado sea tu nombre; venga a nosotros tu reino; hágase tu voluntad, en la tierra como en el cielo. Danos hoy nuestro pan de cada día; perdona nuestras ofensas,

como también nosotros perdonamos a los que nos ofenden; no nos dejes caer en la tentación, y líbranos del mal. Amén.

Dios te salve, María, llena eres de gracia, el Señor es contigo. Bendita tú eres entre todas las mujeres, y bendito es el fruto de tu vientre: Jesús. Santa María, Madre de Dios, ruega por nosotros, pecadores, ahora y en la hora de nuestra muerte. Amén.

Gloria al Padre, al Hijo y al Espíritu Santo. Como era en el principio, ahora y siempre, por los siglos de los siglos. Amén.

DÍA OCTAVO

Santísimo proveedor de bondad. Amas a tus hijos con intensidad. Yo te suplico Padre Santo un momento me dediques. Para que permitas que cuente a diario mis bendiciones y te las agradezca para que tú las multipliques. Dame Señor esta posibilidad y hazme sentir seguridad. Retira Amado Padre de la muralla los tabiques. Para que tu enseñanza en mi corazón apliques. Actúa Divina Providencia con velocidad. Haz que llegue limpio frente a ti con dignidad. Prometo con verdad hacer todo lo que me indiques.

Padre Nuestro, que estás en el cielo, santificado sea tu nombre; venga a nosotros tu reino; hágase tu voluntad, en la tierra como en el cielo. Danos hoy nuestro pan de cada día; perdona nuestras ofensas, como también nosotros

perdonamos a los que nos ofenden; no nos dejes caer en la tentación, y líbranos del mal. Amén.

Dios te salve, María, llena eres de gracia, el Señor es contigo. Bendita tú eres entre todas las mujeres, y bendito es el fruto de tu vientre: Jesús. Santa María, Madre de Dios, ruega por nosotros, pecadores, ahora y en la hora de nuestra muerte. Amén.

Gloria al Padre, al Hijo y al Espíritu Santo. Como era en el principio, ahora y siempre, por los siglos de los siglos. Amén.

DÍA NOVENO

Divina Providencia por todo lo que haces te doy las gracias, por todas las bendiciones que tengo y por las que estas enviando en mi camino. Sagrado Señor permíteme beber de tu vino. Cuando tú estás presente mi Señor todo se vuelve fiesta. Con tu ayuda Divina se hace ligera la cuesta. Sé tú Santo Padre quién dirija mi destino, para que no ande vagando como peregrino. Milagroso Señor tu gran poder en todo lo existente se manifiesta. Seas pues alabado con bella música de orquesta.

Padre Nuestro, que estás en el cielo, santificado sea tu nombre; venga a nosotros tu reino; hágase tu voluntad, en la tierra como en el cielo. Danos hoy nuestro pan de cada día; perdona nuestras ofensas, como también nosotros perdonamos a los que nos

ofenden; no nos dejes caer en la tentación, y líbranos del mal. Amén.

Dios te salve, María, llena eres de gracia, el Señor es contigo. Bendita tú eres entre todas las mujeres, y bendito es el fruto de tu vientre: Jesús. Santa María, Madre de Dios, ruega por nosotros, pecadores, ahora y en la hora de nuestra muerte. Amén.

Gloria al Padre, al Hijo y al Espíritu Santo. Como era en el principio, ahora y siempre, por los siglos de los siglos. Amén.

ORACIÓN FINAL

Divina Providencia te ofrezco esta novena con todo el corazón. Para rogarte Señor me des tu bendición, para que nunca me falte casa, vestido y sustento. Eternamente Señor mío te llevo en el pensamiento. Bendito Padre tiéndeme la mano en toda ocasión. Dame Divino Padre la salvación. Con tu esencia ligera como el viento, gira hacia mí y alivia mi sufrimiento. Amado Padre yo te prometo con pasión que siempre trataré de actuar con razón. Ayúdame a librar el mal y no perder el aliento.

Padre Nuestro, que estás en el cielo, santificado sea tu nombre; venga a nosotros tu reino; hágase tu voluntad, en la tierra como en el cielo. Danos hoy nuestro pan de cada día; perdona nuestras ofensas, como también nosotros

perdonamos a los que nos ofenden; no nos dejes caer en la tentación, y líbranos del mal. Amén.

Dios te salve, María, llena eres de gracia, el Señor es contigo. Bendita tú eres entre todas las mujeres, y bendito es el fruto de tu vientre: Jesús. Santa María, Madre de Dios, ruega por nosotros, pecadores, ahora y en la hora de nuestra muerte. Amén.

Gloria al Padre, Gloria al Hijo y Gloria al Espíritu Santo. Como era en un principio, ahora y siempre por los siglos de los siglos. Amén.

Papá Dios: que tu sabiduría nos guíe; que tu luz ilumine nuestro camino; que tu amor nos de paz; que tu poder nos proteja, y que por donde quiera que caminemos, tu presencia nos acompañe. Gracias Papá Dios que ya nos oíste. Amén.

www.ingramcontent.com/pod-product-compliance
Lightning Source LLC
Chambersburg PA
CBHW070634150426
42811CB00050B/297